MECHEROS PARA LAS HADAS

ZARAGOZA, 2026

RARA AVIS

MARÍA BENÍTEZ SOLDEVILA
(ALICE QUINN)

MECHEROS PARA LAS HADAS

©María Benítez Soldevila
© edición: Los libros del gato negro
© fotografía de cubierta: María Benítez Soldevila
© retoque fotografía de cubierta: Santi Vicente
© fotografía de la autora: María Benítez Soldevila

info@loslibrosdelgatonegro.com
www.loslibrosdelgatonegro.com
Impresión: Calidad Gráfica
Zaragoza, abril de 2026

ISBN: 978-84-126193-4-8
DEPÓSITO LEGAL: Z 574-2026
(Impreso en España)

Esta obra ha sido publicada con la ayuda del Departamento de Educación, Cultura y Deporte del Gobierno de Aragón.

Cualquier parecido con la ficción es pura realidad.
Contenido no apto para ningún público.

PRÓLOGO

Una luciérnaga cuya luz tintinea hasta casi apagarse, como si la batería social le hubiera agotado la energía, como si el amor le hubiera despojado de las esperanzas: esa es Alice.

Así de exacta es mi oscuridad.

Un dolor palpable a los ojos de quien sabe mirar más allá del cadáver, de quien entiende el calor antes de la muerte, la hIstoria previa, el valor del acto brutal que es la vida.

Este libro es un espejo para quien no se atreve a mirar la realidad. Y tampoco la distorsión. Enfrentarse al miedo. Porque el miedo nos atraviesa y no hay sombra donde ocultarse.

Pero las hadas comprendieron mi dolor sin necesidad de recurrir al lenguaje.

«Yo sí te creo» es un cántico justo y necesario; justo para cada pensamiento que se cuela en una noche oscura y a solas que no somos capaces de compartir, necesario por cada niña que perdió la voz cuando no entendía.

No estar sola cuando te dejan sola en mitad del mundo.

El eco de los gritos nunca nos permite estar del todo en silencio.

Alice sabe perfectamente cómo no perderse, aunque la hayan dejado ciega durante mucho tiempo en una habitación que nunca dejó de dar vueltas.

Este libro es recuperar la fe a través de un camino pedregoso.

Paula R. Mederos

A mis amigas, que, a pesar del horror y el exterminio de los hombres, siguen creyendo en las hadas y siguen creyendo en mí.

LÉXICO

Amor te parecía una palabra excesiva pero no
así Odio,
Ira, Culpa.

A mí, Herida
me parecía una palabra ilimitada,
sin bordes, capaz de extenderse y conquistar
cualquier núcleo.
¿Es Amor una palabra excesiva?
¿Cómo es el peso de la sombra que proyecta?

GENOCIDIO

No puedo quedarme en este mundo
porque mi *lenguaje* son las alas de los insectos,
el musgo impecable en los troncos
de los árboles,
el idioma secreto de las hadas.

Pero ellos hablan *para* coleccionar presas
y despersonalizar a las ninfas,
acumulan sus pieles en el colchón,
sin conocer sus *nombres*,
como si sus caricias no significasen nada.

No puedo quedarme en este mundo
porque mi cuerpo fue ciudad asediada
y en sus calles resuenan
—todavía—
                     los gritos de las víctimas
                        durante el exterminio.

4HUNDRED

Me intoxiqué intentando hacerme la dormida
y ya no soy la chica de los fuegos artificiales
porque lo cierto es que el carbón líquido
no purga todo el veneno.

Pero me dejó vacía
y aprendí, al meter la cabeza en el fregadero
y ver la sangre escurrirse por el conducto,
que tragar mucho no siempre llena.

Ahora, escucho la vieja canción:
mírame,
no soy la chica de la víspera de San Juan
pero siempre un caballito de madera,
siempre el arlequín
y un As bajo la manga
de la chaqueta que me dejaste una noche
en la que tenía frío.

ENMUDECIDA: DESNOS

La luz evita tocarme, como si mi piel
        contuviera
todos los pecados del mundo.
Te miro, y de inmediato, se incineran los
        ángeles.
No lo hago queriendo.

                    Así de exacta es mi oscuridad.

DESPRENDIMIENTO

Me desdoblo
  observo
    desde fuera
       todos
mis cuerpos retorcerse
y tu indiferencia.

Nunca me verás
      llorar.

Mi garganta se fracciona
mis voces
  gritan
    a la vez
no todas dicen lo mismo.

¿Por eso
no me entiendes?
      No te vayas.
        No vuelvas jamás.

Quédate
es una metáfora
envuelta en papel metálico.
Ábrela
   pero
  No tienes uñas.
    Te las muerdes;
      yo me las arranco.

SILENCIO

Me dejas vacía.
Mis recuerdos:
la playa lamida y desordenada
tras bajar la marea.
Nada en mi corazón, salvo este rastro
de agua y sal.

Mis recuerdos:
las mejillas corruptas
y encendidas.

Mis recuerdos:
un circo de antiguos internos.

Mis recuerdos:
masticar diamantes, vomitar carbón.

Mis recuerdos:
una sirena sin talento para cantar,
pero muy buena escondiendo cadáveres.
Todavía no sé dónde ha escondido el mío.
Cuando lo encuentre, es tu turno.

LA PLAYA

En esta playa cubierta de cenizas
caen del cielo cadáveres de libélulas
y las gaviotas se estrellan con alevosía
contra el agua tensa.

¿A dónde iré? Rodeada de alas rotas,
                —desarticulados los huesos y
                        las emociones—
tiritan las criaturas vírgenes
entre los pliegues marinos
cuando oyen nuestros gritos;
y el mar retrocede ante el espanto.

Todos los inocentes de rodillas,
esperando la ola devastadora
todas las víctimas inmaculadas
con los brazos en cruz ante el tsunami.

En esta playa cubierta de niñas desalentadas
y de niños que se tumban boca abajo
para tragar arena,
los cangrejos caminan hacia adelante
para no toparse ni por casualidad con el pasado.

¿A dónde iré?
Si el viento acalla los gritos

y los adultos perpetúan el silencio,
          —desestructurados los sonidos, y las
          visiones, y las plegarias—
el océano retrocede,
retrocede ante el espanto.

SUGAR DELUSIONS

Mi espíritu es, tan solo, una imagen pixelada.
No recuerdo haber escrito sobre la sinestesia,
ahora que mis alters sufren la disociación
de sus propios alters.
Respectivamente, cada sombra tiene
su propio miedo a la oscuridad.

No recuerdo haber firmado la tregua
si me nutro, involuntaria,
de esta guerra interna.
Mis delusiones nocturnas suenan
en los altavoces de los mejores bares.

NO VERBAL

Necesito un fenómeno que no pueda
       nombrarse,
un acontecimiento ajeno al lenguaje,
libre de su yugo y trampa.

Un silencio que no conozca la palabra
silencio.

Mi sufrimiento es el acto atroz
de talar todos los árboles del mundo
para escribir un libro tras otro
y, sin embargo,
seguir siempre en la misma página,
sin poder pasarla.

HERIDA: ORIGEN DEL INCENDIO

Y los recuerdos, los sueños.
¿Sabía que la palabra trauma significa herida en griego?
¿Y cómo se dice sueño en alemán? Träumen.
Las heridas pueden crear monstruos y usted...
Usted tiene heridas profundas.

Shutter Island
(Martin Scorsese)

Herida extraña
y profunda.
Puño cerrado
y aun así
siempre un dedo en la llaga.

Primer encuentro con el llanto
primitivo
raíz.

Monstruo infantil,
matriz del dolor.

Lechal que mama del instante
en que el árbol comenzó a torcerse.

Obsérvala sólo a través de las palabras,
como el basilisco
mirarla a los ojos te matará.

23

Es el *por qué* que nos falta de los suicidas.
Pregúntame cuando vayas a llevarme flores.

Pasados inalcanzables por la luz.

Pero hay una niña rascando.
Hay una angustia trepando a la superficie.

El precio de la supervivencia:
desintegrarse.
Por eso no te encuentras.

Secretos y escisión.

Entre lo conocido y la bruma
silueta que simula la identidad,
en el límite,
atisbas su ángulo retorcido.

La herida inicial.

ALUCINACIÓN HIPN[AGÓNICA]

Me dices *pareces cansada*
y yo te tallo una canoa
para el charco de mis ojeras.

Mi insomnio consiste en una voz que insiste
en que no puede dormir
porque escucha mi voz diciendo
que no puedo dormir
y así la misma historia
sucesivamente.

Mi mente: la boca mordiendo la cola de la
     serpiente.

PARÁLISIS DEL SUEÑO 58

Tu mirada inoportuna sobre mí.
Mi miedo a ser observada.
Quiénes son esos extraños
que no me convierten en mí misma,
en una conocida ante el espejo.

Tu casa tiene una entrada que desconoces.

CICLO REPRODUCTIVO DE LAS MARIPOSAS (I)

Quiero postular la teoría de la indefensión
    desaprendida,
darte el valor para saltar de la casa en llamas
y que hagas algo para escapar, que hagas algo.

Después desataré todos los nudos en tu garganta
y me declararé culpable de la muerte de los
    alpinistas
que trepaban por ella.
Tu tristeza es sólo tuya.

Ha venido para que te muevas.
Ha venido para que escapes.
Ha venido a salvarte.

Yo quiero morir volando
no para ser libre
sino para despedirme
provocando huracanes.

Creo en todas las casualidades
más ciegamente
que en la más alta de las probabilidades.

¿Qué sienten las mariposas en el estómago
    cuando se enamoran?

AUSENCIA ES

La brutalidad de tu silencio me atropella,
soy un animal en la carretera
cruzando cuando no mirabas.

No me mirabas.

VALIENTE

Recuerdo cada desconocido
que me ha sonreído por la calle.

Dentro de mi corazón
hay una chica comiendo en la taza del inodoro
y otra vomitando en la mesa de la cocina.

Qué bizarro.
¿Sabías que bizarro significa valiente?

¿Qué habéis hecho con mis hadas?

SUSPIRA

Nunca comprenderé
la forma brutal en la que mecías
mi cuerpo.

¿No sabías que había huesos en mí?
Un esqueleto frágil
bajo piel flexible.

Tras transitar la niñez retorcida
en las muñecas,
no puedo cogerte de la mano al cruzar,
aunque los coches amenacen
con arrollarme.

Cállate por un instante:
perdiste todos tus juegos de palabras.

Sabiendo que las ondas de sonido
no terminan una vez escuchadas,
sabiendo que siguen expandiéndose,
infinitamente, en el espacio,
siento terror al pensar
que mis gritos serán eternos.

TOPOGRAFÍA DE LOS LÍMITES

Hasta dónde desconozco las partes del
      abismo.
Llevo instalado dentro el límite de su
      desfiladero.

Mi corazón: una liminalidad,
habito el espacio que queda entre dos extremos.

Soy puerta puerta de entrada: origen,
      ambigüedad.
Llegar a mí: dejar de ser lo que fuiste.

Permanecer en este umbral:
no estar ni en un sitio, ni en otro.
No estar en ninguna parte.

CRUEL

Negligencia fue meterme el dedo en el corte
y luego sacarlo sin preocuparte de retirar el
anillo de pedida.

Compromiso fue dejar la sortija dentro
de la carne,
mientras me infectaba, por si
volvías a buscarla.

LA FAMILIA DE TED BUNDY

Las madres arrastran a sus hijos
colgados de los senos.
Ingenuidad en la concepción y tropiezo en la
    crianza,
confiando a la leche la tarea del verbo.
Imprudencia.
La insensatez es un destello invertido en la
    frente.

De los padres es mejor no hablar.
La indiferencia y la negligencia
alcanzan su cumbre de excelencia
en el hombre que fecunda
y abandona

fecunda
y abandona.

¿Cómo pudiste hablarme de amor
en un mundo de superpoblación,
dióxido de carbono y radioisótopos?

Tu forma de hablar del amor era
fecundar y abandonar.

El abandono es un apego invertido en el
    vientre.

DESMEMORIA HISTÉRICA

¿Cuánto horror habrá que ver? ¿Cuántos golpes recibir, cuánta gente tendrá que morir? La cabeza bien cuidada o muy bien estropeada y nada, nada que agradecer. Dentro de nuestro vacío sólo queda en pie el orgullo.

La Polla Records.

Después de la crianza
entre sombras y cadáveres,
sólo podemos hablar a los muertos.

Después del polvo en la memoria,
en la consolidación y en la recuperación
                              —los recuerdos—
sólo podemos hablar a los muertos.

¿Entenderían los vivos
el insomnio tras la privación del sueño?

Me acuesto para llorar y ya,
si viene, dormir,
si se da la ocasión.

Después de la falta de calcio en las uñas,
de la pobreza genética y atómica,
sólo podemos hablar a los muertos,

si es que esperamos consuelo y ternura.

HERIDA: ¿QUIÉN PRENDIÓ LA CERILLA?

Hay cicatrices que se rebelan para volver a su condición primera:
heridas. Y su frenesí no se conforma tampoco con retroceder un
ciclo: quieren el acto nuevamente.
Alejandra Pizarnik.

En mi pecho
juego de agujas.
Pájaros muertos aletean
entre las costillas,
plumas mojadas
y una cronología sobre el dolor.

Lectura del oda a mis demonios:
Shh, no hagas ruido,
que llevo toda la vida cantándoles
para que se duerman.

Una niña que fui,
—¿O fue otra?—
llora pero
lo siento, no nos conocemos.

Este dolor insurgente:
óxido irrefrenable que
carcome mi cadáver
hasta las últimas consecuencias.

Vierto vinagre en la herida porque
hay que regarla a diario, tenerla contenta,
cantarle para que florezca antes,
que acudan las abejas.

¿Quién está pellizcando mi intimidad?
¿Quién mastica mis secretos?

Lesión: la bala del cazador
en el corazón de la madre del ciervo.
¿Estás desamparada?
¿No hay lugar seguro?

En el fondo: una mariposa
provocada por un huracán
y un desgarro irremediable.

¿DESESTRUCTURADA?

Incurren en graves delitos las flores
que se cierran como persianas
guardando a la criatura lejos de la luz
me secuestran lejos.

Pero para ti todo es brillo y terciopelo
bailas fuera de la madriguera
aunque sé que hay uranio en tus pestañas
sé que hay polvo blanco en tus esquemas.

Y mientras el azúcar y la seda transmutan tu
        paladar
y tu atmósfera se llena de pétalos
este cuerpo mío empieza a contener tanta
        oscuridad
que la quiebra resuena en la médula de sus
        paredes.

AINE

—Vínculo, apego—

Cuidado con el eje dimensional, funciona en
        dos direcciones.
El horizonte también tiene una estatua de sal
en la nuca del que contempla.

—Refugio, alivio—

El antiinflamatorio no esteroideo que te
        calma el dolor puede
fulminarte de una sobredosis.
Si te está salvando
es porque tiene la capacidad de matarte.

Pero tú dame ese Ibuprofeno.

TRÁFICO DE MELANCOLÍA

Me dices *niña alegra esa cara.*
¿Cómo quieres que me ría?
Me arrancaste los dientes
estos puntos me tiran.

Voy recuperando los trocitos
desandando el camino
a ver si encuentro los cachitos.

No sé a qué viene, pero viene
esta rabia a destiempo,
este comportamiento perturbador.
Diagnóstico:
mensajera de dios con trastorno disocial.

No me mezcles las medicinas
que viene el altercado y me acusas
de exhalar toxinas
y esa manía en negar el legado del poema
y el oficio a la poetisa.

No me río,
es incipiente este desorden de conducta
contingente al entorno negligente
pero toda la culpa es mía.

Dirán que hay gusanos en mis sienes
y no sé a qué viene, pero viene
esta tristeza a deshora
justo cuando había decidido
que tomaba el camino
en dirección opuesta al puente.

LAS OLVIDADAS

Ante un folio en blanco jurando bandera,
yo sólo me debo a mis quimeras.

Gata Cattana.

No me cuentes historias
que he tenido que dormirme sin finales felices
y ahorcadas todas las perdices;
sola en los dos lados de la cama,
queriendo suplicar a los dioses que me
        devuelvan la fe.

Yo me quedé muda y ellos sordos.
Pero las hadas comprendieron mi dolor
sin necesidad de recurrir al lenguaje.

PANERO Y PETER PUNK

Mira, aquí, el letargo calando las paredes,
empañando mis córneas sin poder abrir camino.
Mira a Wendy hacerse vieja entre tus redes
        mientras bebes
de su copa del olvido.

Quedó sorda tras tu ruido;
y tú, para sacar el cuchillo
de su espalda, dijiste:
Tranquila, nunca creceremos y tu herida
        será eterna.

No sé a qué o quién le estoy dando
estos años.

Mi juventud es un pez que se escurre
entre las manos de un rostro no identificado.
Mi juventud dimite.
Mis anhelos toman forma.
Mi corazón: manifiesto de renuncia.

SENTIDO

Veneno soy, alimañas aquí está mi cuerpo.
Mis ideas siguen vivas aunque yo esté muerto.

Envidia Kotxina

Para mí
el significado reside
en decepcionar a todos los altos mandos,
a todas las figuras privilegiadas,
incluida a mí misma,
si me descubro reflejada en jerarquías de poder.

Lo que alimenta mi sufrimiento,
todavía,
es la incertidumbre de no saber
si tú eres alguien a quien debo
defraudar intensamente.

ANOMALÍA

Calcular el momento exacto
en que los termómetros se desregularon
y se dieron la vuelta.

¿Fenómeno sobrenatural o empírico?

Ni el materialismo, ni las ideas
pueden contener la brecha
que se abre paso en este cuerpo desconectado.

CUENTOS DE TERROR

Posiblemente:

Has visto a alguien por última vez y no lo
    sabías.
La mayor parte del tiempo junto a tus
    padres ya ha pasado.
No estás con la persona de la que más te
    has enamorado.
Tu mascota se marche antes que tú.
Puedas contar con una mano las veces en
    que os reuniréis todos los amigos de
    siempre juntos.
Puedes contar con una mano los amigos que
    siguen ahí.
No conservas tus juguetes favoritos de la
    infancia.
La casa de tus abuelos será vendida a
    extraños algún día.
Un día no quedará nadie a tu alrededor que
    haya conocido a tus abuelos, aparte de ti.

TESTAMENTO

Un escribano recoge las palabras muertas
que se vierten de mis labios
sobre las baldosas de tu portal.

Recuerdo que las escaleras mecánicas
no detectaban mi peso
bajando camino al infierno,
una parada de metro entre tú y yo.

Un millar de leguas hasta tu casa,
cien tijeras cruzadas en tu puerta.
Y por querer quererte:
la   oscuridad   más   cerrada
nublando mi corazón.

Te he hablado desde locura
y te guardé la luz entre mis dedos,
en un eclipse desde la ciudad
que no existe.
Al final, más vale maña que fuerza.

Pero no sirvió el lenguaje ni la percepción.
De mi planeta marciano e impertinente
a tu galaxia inclemente y desapegada
ningún intérprete pudo darle sentido
a la palabra *dolor*.

PRADERAS Y BACKROOMS

Mi espíritu es un bosque de noche
bajo la tormenta.
Dentro de mí:
pasillos y pasillos a oscuras
que llevo tanto tiempo recorriendo
sola.

A veces da tanto miedo
volver a esta casa de la memoria histórica.
Lo que debería ser reparación democrática
se vuelve reexperimentación.

Necesito que se haga justicia
con mis recuerdos,
pero volver a ellos
es una cámara de torturas y soy *humana*,

no tan valiente,

dejadme ser humana.

LO FAMILIAR

Probablemente,
el horizonte en el que se recuestan
mis sueños
sea el mismo que acuna
mis demonios.

Esta ventana torcida con goteras
desde la que observar la puesta de sol
es lo más bello que nunca he tenido.

DURO

Si le preguntas a Cenicienta cómo
perdió el zapato,
quizá se explique su anonimato,
por el miedo a que el príncipe
la encuentre otra vez
pasadas las doce.

CRÍMENES DE PAZ

¿Qué dios mecerá los campos?
¿Qué niña arderá en la hoguera de tu
deseo?
Cinturón desabrochado
y no es de asteroides.

Látigo en la piel temprana,
el trauma late
en el borde del precipicio.

DESHIELO (I)

Ahora
eres un Atlas vacío de destinos.

Todos los puntos del terreno donde la policía
        marcó cruces,
como lugares sospechosos de encontrar mi
        cuerpo,
sin éxito.

Eres atardeceres nublados
puestas sin sol.
Cuentos sin hadas
un bar sin calor.

Eres una gominola sin azúcar,
una caries tan pequeña
que puede intervenirse sin anestesia.

Antidepresivo que no te anima pero te duerme
caja de galletas llena de agujas de costura.

Eres una cuna vacía de nanas.
Una curva sin apariciones.
Una película mala de terror.
Pensamientos vagos de muerte, sin valor
        siquiera,
para un grito a medianoche.

HERIDA: NANA PARA UN CLON

Alice, What have you done?.

Alice Madness Returns
(Hermanos McGee).

Buenas noches, no hagas ruido,
estoy amamantando
la vieja herida.
Clava sus dientes y me susurra
sobre sueños macabros,
se nutre de la sangre vertida
y celebra el origen del dolor.

Alguien ha abierto las cortinas
y ella ha vuelto a cantarle al suicidio.
No hagas la luz
no cabe tras la deprivación emocional,
no cabe tras la infancia.
No cabe en esta casa en ruinas
el alumbramiento de los rincones,
del abandono.

La mugre es un tesoro que guardo en lo más
        profundo,
donde duermen los demonios,
donde el abismo es *casa* y el hogar *ninguna
        parte.*

Buenas noches,
no sigas llorando, ni arañes la puerta tras la
    oscuridad.
Regocíjate en el lodo y en la mota del ojo ajeno
de aquella que vio la viga en los tuyos
y te los sacó de las cuencas
para saldar las cuentas de las crucifixiones.

Ella deambula por el pasillo.
¿Qué tienes? le digo.
El horror en la tripa, sentencia.
Y yo creo que duermo
mientras me escondo del vuelco del vacío.

Ella se extiende y yo me comprimo,
ella no sabe y yo no puedo explicarle,
no estamos a salvo de ser consumidas.

Seremos ceniza y polvo, pero no será de
    estrellas.
Seremos todas las colisiones
pero nada nacerá de la onda expansiva.
No habrá vida para la miseria
que hemos procurado que sobreviva.

Yo sigo acunando la herida,
yo arrullo su lecho de espinas y miedo,
yo intento calmarla, pero he aquí su locura
    moral:
no evita las quemaduras

guardar la compostura entre las llamas,
ni evita que se desintegre el organismo
el remedio de las tiritas.

Estamos atrapadas en ese incendio
que redujo a escombros
lo que podríamos haber sido.

Hace años, en la ambivalencia,
cuando los espejos se invirtieron
y estallaron en piras,
cuando se abrió la primera llaga
inflamando el sistema,
cuando grité por las dos, grité por vosotros,
    grité por todos los condenados.
Pero yo no fui salvada
             qué haré con la herida
no fui salvada
             qué haré con el polvo.
Nadie tocó la pared por mí.

DISOCIACIÓN

Las rosas no son rojas, las violetas son
    amarillas,
no recuerdo cuándo se me rompió esta costilla.

Aquí es allí cuando poso mis manos.
Si cierro los ojos no hay constancia ni
    continuidad
en esta comedia que llamo,
por consuelo,
identidad.

Identidad:
Fenómeno que se multiplica como el núcleo
    de un virus
aunque a posteriori tiende a fragmentarse
    como un vaso contra el suelo
cuando mi gata lo tira

            —yo soy la gata en ese suceso—

y pierde el sentido como lo pierden
la economía,
los sistemas políticos,
las definiciones,
y la moral.

TRAUMA

*Trauma proviene de un concepto griego que sig-
nifica «herida».*
*Se trata de una lesión física generada por un agen-
te externo o de un choque emocional que genera
un perjuicio persistente.*

Adolescencia,
un arma apuntando mi cabeza.

— *Fuego*—
Me quemaste el ADN
y sólo quedan cenizas en mi código genético.

Me quedé quieta,
figura de porcelana: fría y pálida.
Petrificada, diminuta:
adecuada para ti.

No disparaste.

En la adolescencia,
la herida fue directa, y brutalmente ejecutada
con las manos.

TINIEBLAS

Cuando la cortina se cerró
y desapareció aquella luz,
mi vientre tembló, vacío por última vez
de las llagas de cargar con tu cruz.

La trasladaste con delicadeza dentro de mí
y golpe a golpe bajo el peso de la madera,
mis sudarios blancos se volvieron carmesí,
mis livianas lágrimas me hicieron insecto sumiso.

¿No sabías que si salpicas las alas de una
          mariposa
no puede volver a volar?

Nunca me mojaste tanto como cuando me
          hacías llorar.
Siento que esto te decepcione.

Y no puedo hablar de la culpa que me queda
porque la inocencia fue interrump*imos este
poema para informar sobre el hallazgo del
cuerpo sin vida de una adolescente en la
esquina de la cama donde, hace tan sólo
unos meses, jugaba con sus muñecas.
Presenta señales de haber cogido caramelos de
la mano de un conocido. No hay declaraciones
al respecto.*

ESCARLATA

Desde entonces el llanto de los desesperados
procesiona por mis venas
para ahogar los espasmos que asolan mi corazón
por haber palpitado a tu vera.

A tu vera,
fuiste punitivo e impasible,
no tuve nunca condena
más severa ni implacable.

El agua me baila a mí,
calmando las quemaduras de tu ácido.
Yo,
bailo sola,
ella, quién sabe.

Ahora que me destierro de donde pisas
y que no muero en tus brazos,
sigo hechas trizas
pero mi piel ya no se eriza
ante tu recuerdo,
ni queda fuego en estas cenizas.

TORTURA

Este es el castigo que querías.
¿Será que lo merezco?
Esta retorcida banda sonora compuesta
por los gritos de las víctimas del asesino en
    serie.

Cada marca en la piel es una chica desaparecida
Cada cuchilla, el autor del crimen.
El impulso que me ha llevado a ello eres tú,
~~mi amor~~.

Éste es todo mi dolor:
el deseo profundo que has experimentado de
    que sufra.
Ahora me desangro,
hago cifras de los litros con un cuentagotas,
como un espectáculo de las estrellas muertas
que no tuvieron la masa suficiente para
    colapsar y ser agujero negro:
que no tuvieron la gravedad necesaria para
    llegar a ser esa tragedia.

Pero mi voz suena en la boca de las brujas
que no van a permitirte olvidarme,
ni van a dejar que tus cuerdas me asfixien:
«Porque la culpa no era mía, ni dónde
    estaba, ni cómo vestía».

BALÍSTICA

Eras una bala perdida,
yo la mano que te encontró
para llevarte hasta el cargador
y a bocajarro
                    —*mi cuerpo contra el barro*—

mis vísceras en el umbral
de rotura del sonido;
por eso no grité.

Recuérdalo en tu apogeo:
tu primera arma fue
empuñada contra mí.

¿No se te quedaron las manos frías después?
Las mías se cubren de escarcha
tras haber acariciado los dedos
con los que me cogiste del cuello.

Te mordí con dientes de leche.
¿Por eso me llamabas cría?

Sólo era una cría,
con las alas muy mojadas
y los colmillos demasiado tiernos
como para hacerte daño.

Desconsolada
cuento los casquillos
de tus intentos de homicidio.
Los cuento y te reconozco
distorsionando el cuento
que te pedía para dormir.
Tú: el psicópata azul.

Pero no grites,
que me estoy cantando para dormirme.

No grites, no grites.
Que sigo guardando tu piel bajo mis uñas.

En algunos Idiomas el lexema de la palabra
       sueño es «Traum».

Quería hablar de la herida a través de los
       sueños,
pero cada vez que sueño con el origen
de este enredo: pesadillas.

Quería volar:
me convertiste en un avispero.
Qué cruel,
hacerme virar en mi propio miedo.

¿Dónde escondiste los mecheros y la pólvora?

Tengo trece años. Soy la que
                          — *soñaba* —

Soy esa chica.
Ahora todavía sueño.
¿Te cuento con qué?

Sueño que soy Lisbeth Salander.
Mis sueños huelen a gasolina.
¿Puedes escuchar ese ruido?

Son todos mis engranajes rotos,
porque a esta hora toca reexperimentar
el tacto disfórico de tus recuerdos atascados.

Apúntame ahora. Dispárame ahora.

La bala llegó al hueso,
y mi sangre llegó al río
para devolver la vida a todas las putas
que a él fueron lanzadas
porque no podían follar todos.

CICLO REPRODUCTIVO DE LAS MARIPOSAS (II)

Eres un bidón de gasolina
y yo la chica que soñaba contigo
y con una cerilla.
No necesito mucho más para invocar a las
      hadas,
incienso, Lisbeth Salander y dos canciones de
      Ana.

¿Sabes que las mariposas no se miran a la
      cara cuando se reproducen?
He pensado que deberías saber
que si las tuvieses en la tripa,
estarían todas muertas.
Demasiado ácido.

Si las tuvieses en la frente,
el ojo del huracán,
tú estarías muerto.
Demasiado irreal.

Pero cuando lea esto en voz alta
no encontraré a nadie mirándome de frente
mientras se me escapa la voz
por el miedo a cruzar la exosfera.

HERIDA: MUJER

Si una mujer viniera al mundo con
la espiga de luz de las matriarcas: debería tan sólo balbucir,
balbucir.

Chantal Maillard
(La herida en la lengua).

No puedo parar de romper el papel.
Todo esto es romper el papel y rayar
la pantalla.

Estoy sufriendo una crisis regresiva
por sobredosis de infancia
colectiva.

Trátame los recuerdos,

cúraselos también a mis amigas
yo no sé hablar del horror pero
trauma significa herida.

Recuerdo las negras mañanas de sol cuando era niña,
es decir ayer,
es decir hace siglos.
Alejandra Pizarnik.

pesadilla
adolescencia
fiebre
comida
insomnio
verano
abuso
hueso
ortigas
límite
dentista
avispa
miedo

suicidio

abandono

HERIDA

-Pallaksch, pallaksch-. También la lengua tirita.

Chantal Maillard
(La herida en la lengua).

`

LA ISLA

Pasó que mis cicatrices desaparecían
cuando entrabas en los bares donde yo estaba
y la cerveza era más dulce,
y todos los péndulos de las videntes giraban
ante tus fotografías.
Todas las canciones de amor se aceleraban
hasta rayarse los discos en los reproductores
y quedar inservibles.

Por eso vendí mi voz
y nadé hasta tu isla,
a pesar de las tormentas.

¿Has pensado que los peces que bucean
a mayor profundidad
no saben lo que es la lluvia?

Y pasó que,
calada hasta los huesos,
me calciné hasta las cenizas.

¿Cómo puede el fuego quemar así
cuando una está tan empapada?

Cielo,
carbonizaste mi corazón
justo cuando me estaba ahogando.
Tu isla era siniestra.

PATRIA

Tú crees que es bello
ver cómo mi cuerpo se retuerce
y verlo en todas las generaciones.

Tú romantizas mis huesos
dislocados por los recuerdos
      —luxación emocional con el pasado—

Mientras,
algunas niñas todavía guardan
extracto de amapola en las venas,
sus brazos salpicados de galaxias
para interrumpir la conexión con el ayer.

Entonces,
delineas mis ojos,
obviando la penumbra que bajo ellos acecha,
y desde el privilegio de la cumbre de la pirámide,
nos dices:
Os enseñaré cómo se comportan las chicas
     buenas.

AQUELARRE

No es serio
que me regales flores del cementerio,
con esta cara de muerta,
mientras te aguanto la puerta y tú pasas,
siempre pasas de mis ojeras,
de mis contracturas, de mis ataduras.

Me maldices mientras me nombras,
pero claro que mi sombra se separó del cuerpo
cuando vio la tierra podrida de tu huerto.

Claro que me quedé pillada
cuando me gritaste que ~~no existen las hadas~~
ESO AQUÍ NO SE PRONUNCIA,
mi niñez no renuncia
a pesar de tu violencia,
de la agresiva insistencia
con la que me forzaste a creer en las bestias,
a crecer tragando las hostias,
excomulgada y atea,
Medea y hecha bruja, sin fe para luz
y aunque en mi columna sólo dejases hueco
        para tu cruz
aprendimos a volar sin alas,
con el palo de escoba bajo la falda.

HERIDA: LOS HOMBRES

Padre. ¿Por qué me has abandonado?

—Esfuerzos frenéticos—

Si las paredes hablasen, esta casa
gritaría.
El miedo me ha petrificado;
no queda antídoto
ni raíz de mandrágora
que me devuelva la espontaneidad.

—para evitar—

Todo es automático.
La herida está llena de larvas. La vida cría
     en mi muerte.

Vuestros fantasmas lo son en todos los
     sentidos
vuestros monstruos son de horario infantil;
pero mi horror está reservado para las salas
     X de los cines.
Seré juzgada por esto.

—un abandono—

Estoy completamente sola.

Necesito a mis hermanas para conjurarme.
Necesito que las hadas toquen la pared
por mí.

—real—

Estoy insultantemente rota y no sé coser.
Estoy descaradamente muerta y nadie
      guarda silencio.

Seré juzgada por esto.

—o imaginario.—

Padre. ¿Por qué me has abandonado? Padre.
¿Por qué me has abandonado? Padre.
¿Por
qué
me
has
a
b
a
n
d
o
n
a
d
o
?

DESVANECIMIENTO

Cuando aprendí a orientarme,
los mapas se movieron.

Todavía envío señales al otro lado de la galaxia,
no sé quién las recibe.
¿Vagan, sin rumbo, mis palabras en el
        espacio vacío?

La idea de que Atlantis no estuviera
me sigue generando resistencias,
se levantan en mi todas las presencias,
los fantasmas quieren
establecer contacto.

Pero sigo sin noticias desde el otro lado:
el silencio de los cuerpos celestes.

¿Fuiste solamente una fantasía atravesada
        en mis pupilas dilatadas?

HERIDA: ~~DESCONSUELO~~

Soy un árbol torcido.
Pero no haré ruido al caer porque
no habrá nadie para oírme.

Soy un árbol en mitad de un incendio
y vino un pirómano
a consolarme tras las quemaduras.

Soy un árbol torcido.
Cuánto has soplado para que crezca en esta
        dirección.
Cúlpame por ello.
Seré juzgada por esto.

Soy un bosque a punto de ser talado
pero aparecieron mis amigas
y se encadenaron para impedirlo.

RITUAL

Santiguarme con Jägermeister.
Llevar tu amuleto bajo la camisa, pegado al
    corazón.

Un electrodo en mi frente,
la consciencia es material.

Mis recuerdos se componen
de la misma sustancia que el barro.
¿Dónde vamos cuando no estamos aquí?

No quiero que haya otra vida después de la
    muerte,
pero me tortura pensar que me entierren
separada de ti.

RADICAL

No te debo explicación ninguna
sobre los hilos con los que tejo mis sueños,
lo fuerte que canto a mis musas,
o este descaro que contienen mis palabras
ni la forma salvaje que conservo de bailar.

No te incumbe dónde, ni cuándo, ni cómo,
ni la frecuencia,
ni tienes el poder ponerme cadenas
cuando vuelvo a quitarme la ropa.
No reconozco ni cedo ante tus barreras.

No te debo explicación alguna acerca de la
          forma
en la que sobrevivo después del incendio de
          los bárbaros.
Os lo dije aquella vez:
bruja y hechicera
no saldrá ardiendo de vuestra hoguera.

CONSOLIDANDO EL APRENDIZAJE

Siendo hija que no encuentra el nido: llevar
    las cosas al límite.
Perder el tiempo y los amigos.
Tragar pastillas para anular el grito.
Buscar la calma: llevar las cosas al límite.
Disparar a los aliados para comprobar que
    no se llevarían una bala por mí.
Confirmar el abandono: llevar las cosas al
    límite.
Gracias, siempre gracias a quienes me lo
    enseñaron de antemano,
gracias.
Nunca me extraería vuestra metralla del
    cerebro.

DESESPERANZA CREATIVA

Vengo con las manos de niña
llenas de ortigas
que confundí con flores,
luego vienen los dolores
y nunca entiendo

nada

no me entero de por qué se me mueren

las hadas

si siempre juro que existen.

Vengo con las manos de niña
que juega en el barro del bosque,
sucias y ásperas,
a pedirte perdón.

Solo hay que ver el estado de mis libros
para saber que no me han enseñado
a cuidar las cosas que más

quiero.

No es excusa.
Ahora, sí, un compromiso.

¿Está todo perdido?

Deseo desoladamente que esta vez pasar
página no signifique terminar el capítulo.

Desesperanza creativa
        sigue siendo
                desesperanza.

LA CULPA ES DEL LENGUAJE

El apego y la finitud no deberían coexistir.
Miro arriba y, creo, en un momento dado,
     allí y entonces,
tú también observaste Antares.
Otros lo harán cuando yo me haya ido.
¿Consiste en esto la permanencia?
Si aquello que se mira guarda un resquicio
     de quien lo miró
quizá podamos encontrarnos *a pesar del*
     tiempo.

Corrige este poema si quieres,
he aprendido cómo hacer que género y
     número concuerden.
Pero quiero —todavía— desafiar la gramática.

Sin embargo la palabra *ambos* no tiene
     singular.
¿Cómo te recordaré cuando solo sea yo,
si las palabras me dicen que una sola no es
     suficiente?
La culpa es del lenguaje.

Tengo *caos.*
No existe el plural para esta palabra.
¿Cómo compartiré contigo el peso de mi
     desdicha, si el lenguaje no me lo

permite?
Es posible que nos perdiéramos en la
    traducción. Sí, estoy pérdida en la
    traducción.

El trauma secuestra el lenguaje
las palabras
            des
                ap
                    a
                        r
                            e...

                    ...encendieron una cerilla
            ellas encendieron un mechero
    iluminando el horror, para poder hablar de
                    nuevo
            me devolvieron la voz
        y puedo contar lo que ocurrió
        recuperar nuestra historia.

EMBRUJADA

Sola en el fin del mundo
con la lápida insoportable de tus historias
de tus teorías
descubierto el cobarde
descubierto el silencio sobre el silencio
en duelo con recuerdos sobrenaturales
y tinieblas que no conocen
quienes me nombraron en vano.

Siendo yo
Hypatia
Semíramis
Boudica
Lisístratra
Cleopatra
Chavela
sostengo mis noches
y los días de aquellas que buscan
el vínculo.

Estoy conjurada en mi sangre
no tengo miedo y si me hubieras escuchado
        lo sabrías:
una bruja tiene el coraje y el instinto
para matar demonios.

LIBERTADES

En el callejón de los pensamientos suicidas
yo soy el muro que los contiene
pero las salamandras
se cuelan entre las grietas
hasta colonizar mi corazón.

He venido a celebrar la primavera
con alambre de espino entre las manos
así es como me acaricio
para tranquilizarme
cuando entre los lirios suenan
los susurros de los fusilados.

Cuando estallen las bombas
y el ruido insoportable de las aeronaves
sobrevuele nuestros campos
mis compañeras no van a comprender
que me entretenga mirando
los almendros en flor
del camino,
pero van a permitirlo, porque ellas siempre
me sostienen en la libertad.

RESTAURACIÓN

Estoy despertando de un letargo
años de niebla y bruma
sin guirnaldas ni vuvuzelas.

Ahora, a ratitos
hay quien bebe de mi pecho
si bien yo nunca bebí
si bien yo nunca
la madre
si bien a mí nunca
la madre
si bien
el mal.

En estos días el miedo
se va quedando dormido
porque las amigas me cantan,
y en la guerra lo único que vale es el amor
porque la tenemos ganada.

Y que hasta la tinta de la piel se borra
que sabré qué hacer con los tatuajes
cuando sea vieja
y que las preguntas tontas
se responden solas;
las inteligentes, a veces,
también.

INFINITO CON GORRITO

En mis venas: una luminiscencia expansiva
sobre este invierno nuclear
se configura un verano bucólico y perfecto.

Mis ojos: amarillo euforia
la antesala del estallido.
Este hechizo me ha apartado
del gris ceniza de las ciudades en ruinas
ya no hay incendios en los bosques.

No puedo contener la felicidad innata
aferrada entre mis manos: semilla radiactiva
brote de margaritas bajo mi vientre.

Una alegría fluorescente se dispersa al
        mundo desde mi cuerpo
como una rumba sorda al réquiem
de la muerte del planeta.

Mi corazón es iridiscente: un observatorio
        festivo
que aclama la llama fosforescente tras la
        explosión del reactor
y a pesar del desastre inminente
la naturaleza aprende a crecer
libre del peso de los humanos.

DREAMLAND

Lo único que necesité
durante tanto tiempo
fue un piano que acompañase mis gritos
hasta que mis huesos dejasen de romperse
y el vacío diera espacio a mi voz
para entonar adecuadamente
la canción.

El horror no es
fácil de interpretar.

Pero caminar sin luz es más fácil
cuando estamos cogidas de la mano
y he dejado de preguntarme
qué parte pertenece a este mundo
y cuál al delirio.

Esa letra que escribiste
hace que el lenguaje vuelva a tener significado
y Alice encuentra el país de los sueños
cuando sigue las voces de Anne.

ELLAS

Desde que ellas han llegado
el hospital de paliativos de mi cabeza
ha sido cerrado
y los enfermos dados de alta.

Ese desván abandonado al desorden
que solía ser mi pensamiento
recibe visitas de una dulzura
cuasi-bucólica.

Antes mis flores
tenían todas más de un capullo
y mis estanterías estaban llenas
de discos rayados.

Desde que ellas han llegado
suenan himnos alegres que traen
pócimas para la esperanza
y no me enredo en mis propios jardines
porque
una amapola
tan solo una amapola es.

HERIDA: HORIZONTE - DIRECCIÓN

Hace falta seguir con vida para estar herido.

Angélica Liddell
(Ciclo de las resurrecciones).

Estoy bien, estoy bien.
Creo que estamos llegando al final de algo,
        pero.
Hay un descampado.
Siempre hay un descampado.

El eco de los gritos nunca nos permite estar
        del todo en silencio.

He encontrado trece razones
y un millón más para quedarme.

Aunque basta con una para querer irse.

No puedo cerrar los ojos a la fractura.
No puedo explicar a algunas personas
el color que tiene el descosido
porque son la habitación en blanco y negro
y yo Mary descubriendo el rojo chillón.

Una de las dos partes es una máquina.

Estoy bien, estoy bien.

Hay una chica que me da la mano.
Siempre hay una chica
que me da la mano.

He encontrado trece razones y un millón
        más para irme.

Pero en el camino de vuelta a casa
ahora manejo una constante.

Pero hay un psicópata.
Siempre hay un psicópata.

Todavía tengo la imagen del incendio
        en mi cabeza
                y las cenizas listas para renacer.

Pero hay un límite
siempre hay un límite.

Los cuervos me curan los arañazos
que me hicieron los humanos en los ojos
por mirar lo que no debe ser alumbrado.

He sobrevivido.
Estoy bien pero.

Hay una herida.
Siempre hay una herida.

Y gracias a ella quizá ahora pueda
calmar las tuyas.

¿TIENES FUEGO?

Cuando las hadas despliegan sus alas
los niños las tocan, sin cuidado o permiso.
Ahora no puedes volar.

Los niños gritan
no existes, no existes, no existes.

Celebran la patria contra las dríades.
Así no puedes volar.

Tu rasmia y mi vesania
levantan el polvo del olvido,
y bajo el tiempo, resistiendo,
un mechero.

En el mechero pone *Wendy.*
El cuento comienza a arder.

Prende fuego, compañera, prende fuego,
una llama en el sistema.
Los gritos de aquellos niños
son sofocados ahora
por nuestra libertad y nuestros cantos:

Yo creo en las Hadas.

ÍNDICE

ESTE LIBRO
SE TERMINÓ DE IMPRIMIR
EN ZARAGOZA
UN DÍA DE LLUVIA,
CON EL SOL QUERIENDO
ABRIRSE PASO ENTRE LAS NUBES.
ESPERANDO LA PRIMAVERA,
CON EL CORAZÓN ABIERTO,
CREÍMOS VER HADAS.